Barcelona
De stad van Gaudí

Tekst
Llàtzer Moix

Foto's
Pere Vivas · Ricard Pla · Jordi Todó

Lluís Bertran · Lluís Casals · Albert Heras · Jordi Llobet · Jordi Longas

Manel Pérez · Ramon Pla · Juanjo Puente · Jordi Puig · Miguel Raurich

Siqui Sánchez · Jaume Serrat · Pere Sintes · Tinó Soriano

Illustraties
Perico Pastor

D1451545

TRIANGLE▾POSTALS

B arcelona, de grootste stad aan de Middellandse Zee is de drempel naar het derde millennium van haar geschiedenis overgegaan met de allure en de energie van een jonge debutant. Dankzij de Olympische Spelen van 1992 maakte het een spectaculaire gedaanteverwisseling door die thans worden voltooid met de voor het Forum 2004 vereiste stedenbouwkundige projecten. Maar de oorspronkelijke trekpleisters van de stad –haar open en gastvrije karakter, een zonnig klimaat en een gemiddelde temperatuur van 17 graden, haar bouwkundige rijkdommen, haar natuurlijke omgeving– zijn onveranderd gebleven. En tegelijkertijd is zij volledig gemoderniseerd door de aanleg van een nieuwe luchthaven, nieuwe woonwijken, recreatiefaciliteiten en andere voorzieningen, door de vernieuwing van het netwerk van verkeersverbindingen en tevens dankzij een algemene schoonheidbehandeling voor haar stedelijk aanzien, met name merkbaar in haar nu herstelde gezicht naar de zee

De bezoeker die na jaren afwezigheid terugkeert zal een nieuw en verbeterd Barcelona terugvinden. Dit boek presenteert haar verleden en met name haar schitterende heden met behulp van een serie afbeeldingen die gedetailleerd het vernieuwde Barcelona beschrijven.

De stad door de eeuwen heen

De Romeinse kolonisten stichtten Barcino ruim twee duizend jaar geleden. Ze kozen voor deze stad een zanderige enclave aan de noordoostelijke kust van het Iberisch schiereiland tussen de mondingen van twee rivieren - de Llobregat en de Besós- onder de beschutting van het bergmassief van Collserola. De strategische ligging van deze eerste nederzetting -haar land- en rivierverbindingen met het binnenland, de zeehaven, evenals haar vestingmuren- waren reeds die van een grote stad. Het zachte klimaat en de overvloed aan natuurlijke rijkdommen zorgden voor de rest. Barcelona werd

1. Romeins mozaïek, de mythe van de Drie Gratiën (2e-4e eeuw v. Chr.).
Museu d'Archeologia de Catalunya.

1

met het verstrijken van de jaren de hoofdstad van Catalonië.

Barcelona's geschiedenis is nauw met de Catalaanse verbonden, en de geschiedenis van dit gebied met de Catalaanse taal, één van de uit het Latijn voortgekomen talen en een bindend element voor de traditie, cultuur en de identiteit van dit land. Om deze reden viel één van de stads grootste historische momenten in de middeleeuwen, toen de verschillende leengoederen in Catalaans gebied zich in de schaduw van de Frankische koningen verenigden onder het graafschap van Barcelona. Die vereniging vormt de grondslag van de grote Catalaanse expansie in het Middellandse-Zeegebied in de dertiende en veertiende eeuw. De sporen van dergelijke handels- en militaire wapenfeiten zijn nog in vele mediterrane plaatsen -op Sicilië, Malta of Sardinië, en zelfs in Athene- te vinden. En vanzelfsprekend ook in Barcelona zelf: in zijn schitterende

1 en 2. Muurschildering van een Romeinse villa in Barcino (4e eeuw) en een mannelijke figuur van zandsteen, Montjuïc (1e eeuw v. Chr. - 1e na Chr.). Beiden in het Museu d'Historia de la Ciutat.
3. Romeinse overblijfselen in het Centre Excursionista.
4. Plattegrond van het Barcelona anno 1576.

BARCELON

gotische buurt, in het Palau Reial, in de koopmanshuizen aan de Carrer Montcada, de scheepswerven Les Drassanes of in de verscheidene godshuizen, zoals de Santa Maria del Mar.

Na zijn ontstaan -Romeins- en zijn machtige jeugd -middeleeuws en mediterraan-, bereikte Barcelona de jaren van rijpe volwassenheid en voorspoed halverwege de negentiende eeuw. Op dat moment nam de stad de industriële revolutie ter hand en consolideerde haar positie als de meest Europees gezinde Spaanse stad, die sterk op het buitenland gericht was. De gedaanteverandering die Barcelona in die jaren onderging was totaal. Het zag zijn stadsmuren vallen, breidde de bebouwing uit met het stratenplan van het Eixample, veranderde zijn economische structuur door een duidelijk accent op de industrie te leggen, bloeide in cultureel opzicht opnieuw op met de Renaixença en zaaide zijn land in voor de schitterende oogst van het Modernisme die aan het begin van de twintigste eeuw

1 en 3: Museu d'Historia. Romeinse ruïnes in het ondergrondse deel van het museum, en gegraveerde steen van Barcino.
2. Bas-reliëf in de Romeinse stadsmuren.
4 en 5: Romaanse kerk Santa Pau del Camp. Kloostergalerij en voorgevel.
6. Gotische poort van het stadhuis.

1

2

3

4

5

6

werden binnengehaald. Het was waarschijnlijk deze oogst die de meest eigen-
zinnige stempel op de stad drukt en de
diepste sporen in het geheugen van
allen die haar in de loop van de twintigste eeuw bezochten heeft nagelaten.

In de laatste jaren van de vorige eeuw
heeft zich Barcelona door zijn gedaanteverandering naar aanleiding van de
Olympische Spelen 1992 verheven van
de rijpe volwassenheid tot de hogere
sferen. Barcelona –dat zich meer dan
ooit geopend heeft naar de zee; in een
toonbeeld van geconsolideerde moderne stedelijke, culturele en economische
organisatie is veranderd en door plaatselijke en internationale kunstenaars en
architecten is verfraaid– heeft hiermee
zijn hoedanigheid als voorbeeldstad
onderstreept. Eerst een voorbeeld voor
Catalonië, daarna ook voor het Middellandse-Zeegebied en later ook voor
Europa en de hele wereld.

1. *Arc de Triomf, opgetrokken in 1889.*
2. *Sagrada Familia, de kathedraal van het
Modernisme.*
3. *Koninklijke galei in het Zeevaartmuseum
(Museu Marítim), bij de scheepswerven
Les Drassanes.*
4. *Les Drassanes (14e eeuw) vanuit de lucht.
Deze scheepswerven bevinden zich aan het
eind van de Rambles vlak bij de gedenkzuil
van Columbus.*

1

2

3

De haven en de Rambles

Christoffer Columbus wijst met zijn vinger vanaf 50 meter hoogte boven op één van de bekendste gedenktekens van Barcelona onophoudelijk naar zee. Columbus personifieert in dit opzicht de dank die Barcelona verschuldigd is aan de zee, waarover de stichters van Barcino aankwamen en waarover hun nazaten reisden om met de buitenwereld in contact te treden.

Op een wandeling langs de Barcelonese kust valt op dat de banden tussen de zee en de stad in een grote verscheidenheid aan alledaagse

1. Nachtelijk aanzicht van de haven en de gedenkzuil van Columbus.
2. De haven, Rambla de Mar en Maremàgnum bij daglicht.

facetten uitgedrukt wordt. Vanuit zuidelijke richting treft de bezoeker eerst de overslaghaven aan met de silo's en de opslagloodsen die vrachtschepen van handelswaar en containers verlossen of deze daarmee voorzien. Deze haven wordt door een golfbreker omgeven, de stads laatste beschutting tegenover de zee, een favoriet stekje voor vissers, sporters en verliefden.

Verder in noordelijke richting, reeds ter hoogte van de binnenstad, bevindt zich de veerhaven waar ingescheept wordt richting de Balearische eilanden en andere mediterrane en overzeese bestemmingen. Daarnaast ligt een golvende passerelle –een waar verlengstuk van de Ramblas– die voor de wandelaar de verbinding met Maremàgnum vormt; een recreatiestad die over het water van de haven aangelegd is. Het Aquàrium, bioscopen, winkels, restaurants en bars van dit drijvende recreatiecentrum trekken jaarlijks ruim tien miljoen bezoekers.

De wandeling langs de Barcelonese kust gaat verder in noordelij-

1. Het Columbus-monument.
2. Nachtelijke aanblik van het lagere gedeelte van de Rambles.

ke richting langs nieuw ingerichte stedelijke gebieden rond de Barceloneta, een dichtbevolkte vissersbuurt met smalle straatjes. Vervolgens bereikt men het Olympisch Dorp met zijn jacht- en recreatiehaven. Deze nieuw ontworpen woonwijk die werd gebouwd om de atleten van de Olympische Spelen van 1992 te huisvesten is uitgegroeid tot een belangrijk uitgaanscentrum, met name in de lente- en zomermaanden. Het Olympisch Dorp wordt evenals de Barceloneta afgebakend door een deel van het vier kilometer lange strand dat de stad rijk is.

Al helemaal in het noorden, waar de Diagonal de zee bereikt strekt zich het gebied uit dat voor het Fòrum 2004 heringericht wordt. Dit project bestaat uit een reusachtige congrescentrum, een strandgedeelte, een enorm plein en de jachthaven van Sant Adrià.

Maar we gaan terug naar het standbeeld van Columbus om de Ramblas te verkennen. Deze is behalve de gebruikelijke bedding

1. De passerelle van de Rambla de Mar die met zijn kronkelende vormen de stad met het winkelcentrum Maremàgnum verbindt.

waarlangs de Barcelonezen de zee opzoeken een fraaie en druk bewandelde promenade, een zinnenbeeld van een open stad waar vele culturen, volkeren en tradities versmelten.

De Ramblas was eeuwenlang een stortvloed in de openlucht die Barcelona's water naar zee afvoerde. Tegenwoordig is het een brede laan in de schaduw van lommerrijke platanen die de scheidingslijn tussen de wijk El Raval en de Gotische Buurt vormt. De Ramblas, een promenade met aan weerszijden wegdek voor het rijdend verkeer, is een uitbarsting van vitaliteit met hier en daar kiosken en kramen voor de verkoop van kranten, bloemen of huisdieren. Na het heel ruime onderste gedeelte bereikt de Ramblas zijn gemiddelde breedte ter hoogte van de Plaza Reial —een levendig stadsplein met zuilengalerijen en hoge palmbomen—.

Langs de Ramblas, met aan weerszijden oude café's, terrasjes,

1. De Plaça Reial, bij de Rambles.
2. Bloemenstalletjes op het middelste stuk van de Rambles.
3. Een typisch beeld van de Rambles: een stroom wandelaars tussen de krantenkiosken in de schaduw van de platanen.

1

2

winkeltjes van modernistische snit en nieuwe souvenirswinkels, is met name het Gran Teatre del Liceu vermeldenswaard. Dit operagebouw is het decor van de Barcelonese operatraditie, die voorheen zo hartstochtelijk verdeeld was tussen de Wagnerianen en Verdi-aanhangers. Voor het Liceu onderscheidt zich in het plaveisel een mozaïek van de hand van de schilder Joan Miró. Enkele portieken verder ontwaart men via een doorkijkje in een recentelijk opgetrokken gebouw de gotische kerk Esglesia del Pi, die dankzij dit architectonische foefje vanaf haar plaats in Ciutat Vella bijna op de Ramblas te zien is. Aan de overkant verheft zich de metalen constructie van de markt La Boqueria. De kleuren van de glas-in-loodramen en het stadsschild die de ingang ervan markeren zijn slechts een voorschot op de explosie van leven en kleur in de markthallen zelf.

1. De zuilengang van de Plaça Reial biedt plaats aan gezellige terrasjes.
2. Casa Figueras, een modernistisch winkeltje aan de Rambles.
3, 4 en 5. Drie aanblikken van de Boqueriamarkt, die aan de Rambles een volledig assortiment aan levensmiddelen biedt.

3

4

Groenten, fruit, vleeswaren, vis en schaaldieren worden in de marktkramen verhandeld.

De wandeling over de Ramblas wordt tussen bloemen voortgezet tot het andere uiteinde ervan bereikt wordt bij de Plaça de Catalunya. Over de gehele lengte van deze promenade die opgeluisterd wordt door levende standbeelden (artiesten met een eigenaardig en zeer passieve voorstelling van straatoptredens), kan de bezoeker inwoners, toeristen, immigranten, kerkgangers, bedriegers die aan randen van de Ramblas wonen, melomanen die zojuist de opera verlaten hebben, dichters, gekken of tafelschuimers tegen het lijf lopen. Hier op de Ramblas vloeien alle gezichten van de mensheid samen

1. *Modernistisch detail van de Casa Quadros (De Rambles).*
2. *Fontein op de Plaça Reial.*
3. *Voorbijgangers rond een levend standbeeld op de Rambles.*
4. *Vogeltjeskraam.*
5. *Door de schilder Joan Miró ontworpen mozaïek, op de Pla de l'Os halverwege de Rambles.*
6. *Bloemenkraam.*

1

2

3

4

De gotische buurt en Ciutat Vella

Barcelona is een oude boom waarvan de stam in de loop van tweeduizend jaar gestaag dikker is geworden. In het hart van deze stam bevindt zich nu de gotische buurt. De straten van dit historische gebied aan de rechter zijde van de Rambles (als men van zee richting Plaça de Catalunya loopt) zijn smal; daarom ontvangen de gebouwen met de gevels waarin de tijd en de vochtigheid zijn sporen heeft nagelaten, weinig licht en verwarmen de goudkleurige stralen het plaveisel maar enkele uren per dag.

Deze stad uit een voorgoed verdwenen tijd vormt desondanks nog

1. De kathedraal en Ciutat Vella vanuit de lucht.
2. Deelaanzicht van Ciutat Vella.

1

steeds een belangrijke stadskern. Zowel de kathedraal als het Palau Reial Major –zinnebeelden van de religieuze en wereldlijke macht– verkeren in goede staat voor gebruik. Evenals het Palau de la Generalitat, de zetel van de Catalaanse regering en het Stadhuis, of de kerken Santa María del Mar en Basilica del Pí, of de gerestaureerde koopmanshuizen aan de Carrer Montcada.

Een bezoek aan de Gotische Buurt kan worden ondernomen vanuit de Plaça Nova voor de kathedraal - een weidse geplaveide voetgangerszone waar soms vlooienmarkten worden gehouden. Met de bouw van de gotische kathedraal van Barcelona als zodanig werd aan het einde van de dertiende eeuw begonnen en de werkzaamheden duurden voort tot zes eeuwen later, toen aan het einde van de negentiende eeuw de voorgevel ter hand werd genomen. Dit godshuis heeft drie beuken met ribgewelven en aan weerszijden staan twee sierlijke achtkantige torens. Het claustrum dat tegen de kathedraal is aangebouwd en

1. Overblijfselen van de Romeinse stadsmuren.
2. De voorgevel van de kathedraal.
3. Detail van het claustrum van de kathedraal.

2

3

waar de magnolia's, mispelbomen, pal-
men en sinaasappelbomen groeien, is
zeker een bezoek waard. Deze aspec-
ten en de arcaden, de complexe
smeedijzeren hekken, de flikkeringen
van kaarsenwinkels in de kapellen en
de votiefgeschenken, het ruisen van
het water en de groene aanslag die de
eeuwenoude vloertegels bedekt in
een gezeefd licht, scheppen gezamen-
lijk een uitzonderlijke en onwerkelij-
ke sfeer.

Na het verlaten van deze binnenplaats kan men de Plaça de Sant Felip
Neri, een oase van rust, aandoen en
vervolgens bij terugkeer op de straat
Carrer Bisbe Irurita om de abside van
de kathedraal in de richting van de
Plaça del Rei lopen.

Het Palau Reial Major dat de voornaamste plaats inneemt aan dit plein,
heeft zijn oorsprong in het begin van
onze jaartelling. Men kan stellen dat
dit gebouw, waar de Catalaanse
macht in haar roemrijke middeleeuwse bloeiperiode zetelde, sinds de
nadagen van het Romeinse Rijk lang-
zaam ontstaan, gebouwd, uitgebreid,

1. Claustrum van de kathedraal: een scha-
duwrijk een stille binnenplaats.
2. De torens van de kathedraal, met op de
achtergrond die van de Sagrada Familia.

1

verminkt of gerestaureerd, en steeds weer opnieuw verbouwd is. Bij het betreden van dit plein maken met name de paleisgevel en de brede renaissancistische toegangstrap grote indruk. De voorgevel, die uit verschillende reeksen bogen bestaat en de kroon op de toren van Rei Martí vormt, is monumentaal en spectaculair, en verbergt de Saló del Tinell (de grote zaal), waar naar verluidt Christoffel Columbus de plannen voor zijn Westindische reis aan de Katholieke Koningen voorlegde. Het Palau Reial Major wordt links geflankeerd door het Palau del Lloctinent en rechts door de kapel van Santa Àgueda. Aan de vierde zijde van het plein, bij een modern ijzeren sculptuur van Eduardo Chillida waarvan de vormen volmaakt aansluiten bij de middeleeuwse architectuur, bevindt zich het Historisch Museum van Barcelona (Museu d'Història de la Ciutat). Via dit museum bereikt men een onder-

1 en 2. Twee aanblikken van de kathedraal: afwerking van een pinakel en de binnenkant van een toren.
3 en 4. Detail- en overzichtsfoto van "l'ou com balla", een traditie die zich elk jaar met Pasen in het claustrum van de kathedraal herhaalt.

1

2

3

grondse rondgang langs de ruïnes van de Romeinse stad; een rondgang die onder de eerder genoemde bouwwerken door kronkelt en zelfs nog onder enkele andere, zoals bijv. het huidige onderkomen van het Museum Marès.

De nabijgelegen straat L'Argenteria -waar voorheen de zilver- en wapensmeden hun handwerk uitoefenden- werd vroeger Carrer del Mar (Zeeweg) genoemd. Aan het uiteinde ervan, bijna bij de Middellandse Zee, bevindt zich de Plaça de Santa Maria del Mar, dat uitgesproken middeleeuws aandoet met de imposante kerk van dezelfde naam. De Santa Maria-kerk van de hand van de bouwmeester Berenguer de Montagut, is het toonbeeld van de beste Catalaanse gotiek dat betrekkelijk snel werd opgetrokken vanaf de eerste helft van de veertiende eeuw. Het interieur van de kerk, die is opgedeeld in drie hoge beuken, wekt met recht een gevoel van statige elegantie op in de bezoeker, zowel om de slanke zuilen als om hun onderlinge afstand.

1. De toren van Rei Martí, in de Plaça del Rei.
2. Interieur van de gotische 'Saló del Tinell'.

1

Achter de Santa Maria del Mar, in de Passeig del Born en met de oude markthallen El Born op een steenworp afstand, mondt de Carrer Montcada uit. Aan deze straat bewoonden de middeleeuwse edellieden van Barcelona hun koopmanshuizen in de veertiende en vijftiende eeuw. Deze opeenvolging van prachtige huizen met toegangsportalen die hoog genoeg zijn voor de paarden en de rijtuigen, geniet van een schuin invallend zonlicht. Achter deze portalen bevinden zich gewoonlijk ruime binnenplaatsen met trappen naar de eerste verdieping van deze herenhuizen. De koopmanshuizen van de Carrer Montcada worden nu opnieuw benut als huisvesting voor kunstgalerieën en musea. Onder de laatstgenoemden is het Museu Picasso vermeldenswaard, dat thans in vijf naast elkaar liggende koopmanshuizen is ondergebracht en waarvan de collectie (waarin het werk uit de schilders jeugd sterk is vertegenwoordigd) één van de grootste bezienswaardigheden van de stad is. Daar tegenover bevindt zich het Museu de la Indumentària (kostuumgeschiedenis) en

1. Het plein en de kerk Sant Felip Neri. 2 en 3. Twee aanblikken van de Carrer del Bisbe: vanaf de kant van de Plaça Sant Jaume en de uitmonding in de Plaça Nova.

1

2

3

de vestiging van de collectie oude kunst Barbier Mueller, die gekenmerkt wordt door zijn precolumbijnse schatten.

Langs de nabijgelegen Carrer Princesa en haar verlengde Carrer Ferran, komt men op de Plaça de Sant Jaume. In deze enclave met een Italiaans aandoende sfeer staan niet alleen in letterlijke zin de twee grote machten die in Barcelona zetelen tegenover elkaar: de Generalitat –ofwel de Catalaanse regering, waarvan het paleis zich aan één zijde van het plein verheft– en het Stadhuis – waarvan het gebouw aan de andere zijde ervan staat–.

Het Palau de la Generalitat is een constructie waarvan de eerste gedeelten stammen uit het begin van de vijftiende eeuw. De meeste bijzondere gedeelten –de binnenplaats en de hoofdtrap, de zijgevel aan de Carrer del Bisbe Irurita of het Pati del Tarongers (sinaasappelhof)– zijn in gotische stijl opgetrokken. De voorgevel, aan de Plaça de Sant Jaume, is renaissancistisch.

Ook het stadhuis (Ajuntament) is het resultaat van vele gedaanteveran-

---

1. De binnenplaats van het Museum van de Kostuumgeschiedenis, een oud koopmanshuis aan de Carrer Montcada.
2 en 3. Plaça del Pi, als kunstmarkt en bühne voor muzikale optredens.

2

3

deringen. Zijn meest karakteristieke onderdeel is waarschijnlijk de Saló de Cent, waar de volksvertegenwoordiging reeds eind veertiende eeuw bijeenkwam en die nog altijd door de gemeenteraad wordt gebruikt voor vergaderingen met een bijzonder karakter.

De Plaça de Sant Jaume, die door beide instituties geflankeerd wordt, biedt in het midden ruimte voor allerhande soorten demonstraties. Op dit plein hebben van de meest vibrerende patriottische proclamaties tot de protesten van de verschillende belangengroepen plaatsgehad, en niet te vergeten, de rituele bezoeken van de stedelijk sportteams om een behaald kampioenschap in één van de verschillende competities met de bevolking te vieren. Het plein is ook het bekende decor van de beoefenaars van de traditionele folklore; zeer regelmatig worden er *sardanes* gedanst - de typische Catalaanse volksdans- en worden er menselijke torens gebouwd door de *castellers.*

1 en 2. Castellers in actie: de voltooiing en het instorten van een menselijke toren in de Plaça Sant Jaume.
3. Aanblik op het Palau de la Generalitat, de zetel van Catalaanse autonome regering.

Het Eixample
en het Modernisme

De wijk Eixample, waar niet alleen gewoond wordt maar waar ook veel winkels en restaurants te vinden zijn, vormt het centrale gedeelte van het huidige Barcelona. Tot midden 19e eeuw was Barcelona nog in het strakke korset van zijn middeleeuwse stadsmuren ingeregen. Maar in 1856 presenteerde de ingenieur Ildefons Cerdà zijn eerste stadsuitbreidingsproject, een visionair plan om de stadsstructuur aan haar toenmalige en toekomstige behoeften aan te passen. In grote lijnen kan het Eixample worden omschreven als een groeiproject voor Barcelona dat het met

1. Het Eixample vanuit de lucht.
2. Deelaanzicht van het Eixample.

de kleinere omliggende plaatsen moest verbinden, en dat probeerde de levensomstandigheden, de verkeerssituatie, de volksgezondheid en met name de hoge bevolkingsdichtheid te verbeteren. Deze aanpak zouden de toen geldende maatstaven zo radicaal veranderen dat deze nu, reeds in de 21 eeuw, nog altijd van kracht zijn.

Het Eixample is het kostuum van het moderne Barcelona en vormt als zodanig het sublieme resultaat van het typische Catalaanse *seny* –het evenwichtige en oordeelkundige in het plaatselijke karakter–. Het Modernisme vervolmaakte dit projekt op passende wijze, door de nieuwe kledij met weelderige doeken en kleuren – in dit geval stenen, keramiek, smeedijzer en glas– kleur te geven. Het modernisme zou in dit opzicht een resultaat zijn van de Catalaanse *rauxa* – het buitensporige en onberekenbare in het loka-

1, 2 en 3. *Fonteinen en beeldhouwwerk in de Plaça de Catalunya.*
4. *De Plaça de Catalunya vanuit de lucht.*
5. *De Pedrera, een gebouw van Gaudí aan de Passeig de Gràcia.*
6. *Volksmarathon op de Passeig de Gràcia.*
7. *De Sagrada Familia en de Diagonal.*

1

3

4

le karakter – dat een aanvulling vormt op het eerder genoemde *seny*.

Op de plattegrond lijkt het Eixample een rechthoekig raster dat slechts door zijn hoofdverkeersaders wordt verstoord: de statige Passeig de Gràcia (waar de Barcelonezen aan het begin van de 20e eeuw wandelden om te kijken en bekeken te worden), de Carrer Aragò en de Gran Via de les Corts Catalanes (die het in de lengte doorkruisen) en de Diagonal (die het schuin doorkruist), en nog een enkel plein zoals de Plaça de Catalunya.

Maar de bebouwing van het Eixample is een heel ander verhaal. Op het moment dat het merendeel van deze gebouwen opgetrokken werd, beleefde Catalonië een tijd van economische voorspoed die wortelde in de periode aan het begin van de 19e eeuw toen Barcelona zich begon te profileren als 's lands economische motor; een positie die werd gevestigd dankzij de industriële revolutie en zijn hoogtepunt bereikte met de grote industriële activiteit in de eerste twee decennia van de vorige eeuw, toen de

1. *De vierhoeken van het Eixample, door de Diagonal doorkruist.*
2. *De Casa de les Punxes.*

1

Catalaanse fabrieken de voornaamste leveranciers van de oorlogvoerende naties in Europa werden.

Deze economische voorspoed in combinatie met nationalistisch gezinde culturele bewegingen zoals de Renaixença, en de herrijzenis van de kunstnijverheid, vielen samen met en bevorderden het ontstaan van het Modernisme.

Barcelona is de stad van Gaudí, een geniale en niet te classificeren persoonlijkheid die in de tijd van het Modernisme leefde. Maar Barcelona is ook de stad van de bouwkundige beweging - het modernisme-, die gezien dient te worden als los verband van tientallen architecten die vrij naast elkaar bestonden, honderden projektontwikkelaars en duizenden ambachtslieden.

Deze beweging bezit, zelfs al interpreteert men het Modernisme op de bovenstaande wijze, zijn grote namen en zijn voornaamste bouwwerken in Barcelona. Het meest toonaangevende is naar alle waar-

1 en 2. Palau de la Música Catalana, het concertgebouw van Domènech i Montaner. Zuilenrij bij de ingang en het interieur van de zaal met zijn schitterende modernistische decoraties.

1

schijnlijkheid het Palau de la Música Catalana (Sant Pere més alt 11) van de hand van Lluís Domènech i Montaner. Het Palau, dat tussen 1905 en 1908 werd opgetrokken als zetel van de zangvereniging Orfeó Català, is één van fraaiste en verblindendste concertzalen ter wereld. In de grootste uitdrukkingsvrijheid ontworpen, ondanks de beperkte ruimte van het terrein, is het Palau een architectonisch meesterstuk waarin durf, symbolisme en ambachtelijke rijkdom samenvloeien. Dit veelkleurige en gebloemde, magische en sfeervolle concertgebouw wordt nog volop gebruikt met zo'n 300 concerten per jaar die door ongeveer een half miljoen mensen worden bijgewoond.

De gebundelde professionele inspanningen die het Palau kenmerken, deze drang om het ultieme kunstwerk te realiseren, is een constante in de modernistische architec-

1. Voorgevel van het Palau de la Música Catalana.
2. Mozaïek.
3. Eén van de oude loketten bij de ingang.
4. Voorgevel.
5. Beeldhouwwerk in combinatie met mozaïeken in de bühne van het Palau.

1

2

3

4

tuur in Barcelona en wordt opnieuw duidelijk in andere constructies van Domènech i Montaner; onder meer in het Hospital de Sant Pau (Sant Antoni María Claret, 167-171) en de Casa Lleó Morera (Passeig de Gràcia, 35). Maar zoals we eerder reeds opmerkten is het modernisme niet het werk van enkele architecten, maar een brede beweging waarin op verschillende wijze uiteenlopende lagen van de maatschappij deelnemen.

Daarom moeten we vermelden dat enkele andere voorbeelden van de modernistische expressie bijzonder goed uitgevallen zijn: de Casa Amatller (Passeig de Gràcia, 41) en de Casa de les Punxes (Diagonal 416-420), beiden van de hand van Josep Puig i Cadafalch; en ook enkele werken van onder andere Jujol, Rubió i Bellver, Valeri i Pupurull, Granell, Sayrach, Sagnier, enz.. Dit alles zonder uit het oog te verliezen dat men dankzij de wandelingen door het Eixample in combinatie met de kennis van de grootste bouwwerken zich over kan geven aan een aangenamere en

1. Hospital de Sant Pau vanuit de lucht.
2, 3 en 4. Modernistische gebouwen:
Casa Amatller, Palau Macaia en
Casa Comalat.

2

3

4

verrassendere bezigheid: het doorlopend ontdekken van de bouwkundige luister uit die tijd, zowel in grote gebouwen als in kleine winkeltjes. Balkons, etalages, mozaïeken, kroonlijsten, portalen, trappen of liften verbergen vaak kleine schatten voor wie er naar wil zoeken. Schatten die vanaf de straat bewonderd kunnen worden, maar daar niet tot beperkt blijven: in enkele interieurs die soms bezocht kunnen worden (zoals de reeds genoemde Casa Lleó Morera) gaan ware ambachtelijke symfonieën schuil, de mooiste werken die de beste kunstnijverheid voortgebracht heeft.

Het is juist deze creatieve rijkdom, zowel aan de buitenkant als in de interieurs, die het modernistische Barcelona tot een uitzonderlijke referentie maakt in het Europese panorama van steden die tijdens de overgang van de 19e naar de 20e eeuw evenals Parijs, Londen, München of Wenen een bijzondere periode van bouwkundige luister beleefden.

1

2

---

1 en 3. Casa Lleó Morera. Detail van een mozaïek en een overzicht van de glas-in-loodramen.
2. Lift, van de hand van J. Mª Jujol.

De wereld van Gaudí

Het aanzien van Barcelona is onverbrekelijk verbonden met het aanzien van de bouwmeester Antoni Gaudí. Zijn oeuvre te leren kennen is één van de voornaamste doelen die de bezoekers van de stad nastreven. De Pedrera (Passeig de Gràcia, 92) is wellicht de meest aangewezen plek om onze Gaudí-rondleiding door Barcelona te beginnen. Dit appartementengebouw -dat tegenwoordig eigendom is van een culturele stichting en dienst doet als tentoonstellingsruimte- staat op één van de afgeschuinde hoeken van het Eixample en heeft drie façades.

1 en 2. De Pedrera. Details uit de façade van bewerkte steen en smeedijzer.
3. Het dakterras van de Pedrera bij avond.

1

Deze drie vormen samen eigenlijk één façade met zijn karakteristieke gekromde lijnen die aan onwaarschijnlijke stenen golven doen denken en met verwrongen metalen balkonleuningen gelardeerd zijn.

Na een peperduur restauratieproces dat halverwege de jaren negentig werd afgerond, heeft de Pedrera zijn schitterende uiterlijk, niet alleen van de façade, herkregen. De toegangen tot het gebouw, die naar de binnenplaats leiden, tonen nu weer hun oorspronkelijke veelkleurige fresco's. Veel van de appartementen hebben hun vroegere aanzien weer terug en tonen nu weer het modernistische timmerwerk en de vaak mysterieuze tekeningen en reliëfs die in de gipsen plafonds uitgetekend zijn. Bovenop biedt het dakterras, het meest verrassende deel van het gehele gebouw, een schitterend aanzicht. Zijn bos van schoorstenen, de verrassende en vindingrijke beeldhouwconstructies - die trappen en waterreservoirs verbergen-, zijn golvende oppervlak en tot de verbeelding sprekende ornamenten vormen een unieke bouwkundige combinatie die

1, 2, 3 en 4. Details van de Pedrera.
5 en 6. Casa Batlló: toegangstrap en de afwerking van de façade.

1

2

3

4

5

6

alleen door een genie verzonnen kan zijn. Als theoretische aanvulling heeft de Pedrera één van zijn oude dakkapellen onder de naam "Espai Gaudí" ingericht -een andere uitzonderlijke ruimte, waarvan de structuur op de buik van een enorme walvis lijkt-. Hier wordt met behulp van audiovisuele middelen, maquettes en foto's de interne logica van het werk van deze architect toegelicht, evenals zijn hele oeuvre, zijn methoden, ambities, historische context en zijn voorbeelden. En terzelfder tijd kan men hier vaststellen dat de geniale Gaudí niet alleen in zijn onvoorstelbare voltooide huizen woonde, maar ook -en dat op principiële gronden- in zijn vernieuwende en zelfs visionaire projecten op het gebied van bouwstructuren.

Niet ver van de Pedrera (ook aan de Passeig de Gracia, op nr. 43) verheft zich nog een vermaard Gaudiaans bouwwerk: de Casa Batlló. De werkzaamheden van Gaudí in dit project -waarvoor als basis een weinig belangwekkend gebouw diende- bestonden

---

1,2 en 3. Daken en schoorstenen van de Casa Batlló.
4. Nachtelijk gezicht vanaf de lager gelegen tribunes en flats.

1

2

3

in het toevoegen van twee verdiepingen, de verbouwing van de eerste verdieping en het vernieuwen van de buitenste oppervlaktelaag van het huis. De kromme lijnen overheersen op de met organische vormen en kleurige bekleding versierde façade die een textuur heeft die aan brokaten en edelstenen doet denken. Het dak dat op een drakenhuid lijkt, is afgewerkt met een bloembolachtig kruis en verscheidene schoorstenen, die de middeleeuwse sfeer van het geheel versterken.

Zowel de Pedrera als de Casa Batlló zijn het product van een overvloedige verbeelding. Desalniettemin zijn ze, doordat ze tussen andere bestaande gebouwen werden opgetrokken, gebonden aan enkele beperkingen waarvan bij andere projecten van Gaudí geen sprake is, zoals de Temple Expiatori de la Sagrada Família (Marina, 252 - Plaça de la Sagrada Familia) dat opvalt door zijn pretenties en grootte.

Met een groter enthousiasme en niet minder vormvrijheid dan in zijn

1 en 2. De Sagrada Familia. De vier pinakels en de façade van de Geboorte en een aanzicht van de façade van het Lijden, met zijn modernere beeldhouwwerk.

1

andere gebouwen werkte Gaudí, de architect met zijn voorliefde voor het hogere en zijn religieuze overtuigingen, aan de Sagrada Familia -waaraan de werkzaamheden onder protesten van architecten en in een sfeer van godsdienstijver nog steeds voortduren -. De laatste jaren van zijn leven bracht hij bij dit godshuis door in één van de bijgebouwen die hij als zijn woning inrichtte.

De Sagrada Familia -de tweede kathedraal van Barcelona- is een ongemeen grote kolos. De tempel, ontworpen in vorm van een Latijns kruis met vijf beuken, drie façades, een abside en een dwarsschip, valt op om zijn elegante torens (ongeveer honderd meter hoog) die met keramieken pinakels zijn afgemaakt. Deze torens - met ornamenten overladen en met de spilvormige lijnen die typisch zijn voor de moderne vliegtuigbouwkunde - maken dit bouwwerk, dat opmerkelijk genoeg nog niet het grootste was dat Gaudí voorzien had, extra spectaculair. Immers in het nog niet gebouwde gedeelte van het godshuis onderscheidt zich

1. Sagrada Familia. De kroning van Maria
2 en 4. De trappen van de torens.
3. Reliëf van Maria-Boodschap, in de crypte.

3

2

4

een monumentale koepel van 170 meter hoog, die eens het dwarsschip zal moeten overdekken en het meest opvallende element van dit immense bouwkundige complex zal vormen.

Gaudí, die de opdracht van de Sagrada Familia op 31 jarige leeftijd aanvaardde, was zijn hele leven lang aan dit project verbonden, dat zoals nu ook nog gebeurd, vaak werd onderbroken door de afhankelijkheid van de beschikbare financiële middelen. In dit project ontwikkelde Gaudí zijn vindingrijkheid en creativiteit, en liet zijn verbeelding verder gaan dan wat gebruikelijk is voor een godshuis.

De verbeelding is ook een overheersend kenmerk in het Park Güell dat Gaudí's grootste project in Barcelona en de belangrijkste opdracht van zijn mecenas was. Deze stad annex park met een oppervlakte van ongeveer twintig hectare combineert de stedebouwkundige met architectonische en kunstzinnige werkzaamheden; het ligt buiten het Eixample

---

1. Park Güell vanuit de lucht.
2. Golvende bank.
3. Tuinhuisje bij de ingang.
4 en 5. Hipóstila-zaal die de Gran Plaça van het park stut.

3

4

waar zijn tot nu toe genoemde creaties staan, maar zijn grote aantal verrassingen maken een bezoek onontkoombaar. Aan weerszijden van de ingang van het park (aan de straat Carrer Olot) staat een huis; deze beide huizen maken deel uit van de muur en waren voor de bewakers en de bezoekers van het landgoed bedoeld. Vanaf deze ingang heeft men uitzicht op de monumentale trap die toegang biedt tot het park en waarin een keramieken hagedis alle aandacht trekt. De toegangstrap leidt naar de hipóstola-zaal -een woud van zuilen- en daar bovenop bevindt zich de Gran Plaça del Park Güell. Van hieruit geniet men van een uitzicht over de gehele stad. Rond dit plein bevindt zich de vermaarde golvende bank die met overblijfselen van tegeltjes, vaatwerk en flessen is bekleed; een schier eindeloze collage van schitterende veelkleurigheid en een grote beweeglijkheid. De wandeling door het park, na het kennis nemen van de voornaamste onderdelen in het centrale deel ervan, doet de

1. Zuilengalerij met de gehelde zuilen.
2, 3 en 4. Bekleding van keramiek.
5. De brede trap naar de Hipòstila-zaal met daarin de opvallende draak-fontein.

1

2

3

4

bezoeker verscheidene ontdekkingen, waaronder de zuilengalerij en de huizen die Güell en Gaudí zelf eens bewoonden het opmerkelijkst zijn; beide bouwwerken benadrukken de rol die de dromen en de magie in dit landgoed spelen.

Degenen die hun Gaudí-rondleiding door Barcelona willen completeren kunnen nog de Casa Vicens (Carolines, 18-24), de tuinhuisjes van de Finca Güell (Av. De Pedralbes, 7), het Palau Güell (Nou de la Rambla, 9), het Colegi de les Teresianes (Ganduxer, 85-105), de Casa Calvet (Casp, 48), de Torre Bellesguard (Bellesguard, 16-20), de toegang en buitenmuur van de Finca Miralles (Manuel Girona, 55-61) en de 'Escoles de la Sagrada Familia' (vlakbij de tempel van dezelfde naam) aandoen. Alhoewel het net buiten Barcelona ligt, in de plaats Santa Coloma de Cervelló, moeten we ook de sensationele en buitengewoon expressieve crypte van de Colonia Güell niet vergeten, die Gaudí in 1915 voltooide.

1. Klooster van de orde van Theresa de Avila
2 en 3. Bellesguard.
4. Balkon van de Casa Calvet.
5 en 6. Casa Vicens. (Deze zijn alle het werk van Gaudí).

1

2

3

4

5

6

De Olympische stad

Op 25 juli 1992, net na zonson-
dergang, doorsneed een brandende
pijl de hemel van Barcelona. Hon-
derdmiljoenen televisiekijkers hiel-
den hun adem een ogenblik lang in
tot dat de pijl zijn doel bereikte: het
wierookvat van het Olympisch Stadion Montjuïc. De vliegende toorts
ontstak de vlam die de Olympische
Spelen opende en tegelijkertijd een
nieuw Barcelona verlichtte dat voor
deze gelegenheid met liefde verbouwd was.

De modernisering van Barcelona
naar aanleiding van de Olympische

1. Pueblo Español met op de achtergrond het
Palau Nacional en de Olympische Ring.
2. Aanblik van het stadion tijdens Olym-
pische Spelen van 1992.

Spelen bestond schematisch gezien in de algehele vernieuwing van de stad, het terugwinnen van Barcelona's façade naar de zee, de totale omvorming van vier (tot Olympisch benoemde) zones die in de vier hoeken van de stad gelegen waren, en de aanleg van nieuwe rondwegen om de stad die de verbindingen voor het gemotoriseerde verkeer herstructureerden en het zwaartepunt van de stad verplaatste.

De Olympische zone bij uitstek is die op de berg Montjuïc gelegen is, waar de voornaamste wedstrijden van de Olympische Spelen 1992 gehouden werden. De Montjuïc, die vlak boven de haven ligt, was van oudsher een afweerstelling van de stad waar het fort op de bergtop nog een bewijs van is. In 1929 vond naar aanleiding van de Wereldtentoonstelling de eerste bebouwing op de berg plaats, die een schoolse architectuur (met uitzonderingen, zoals het visionaire Duitse paviljoen van Mies van der Rohe), kronkelende

1. *Nachtelijke belichting van de fontein op de Montjuïc en het Palau Nacional.*
2. *Ceremonie in het Olympisch Stadion.*
3. *De Olympische Ring, met het stadion op de voorgrond.*

1

2

boulevards en romantische parken op de huid van de Montjuïc naliet. In 1992 werd die bebouwing aangevuld met de bouw van de Olympische Ring.

Deze door de architecten Correa en Milà ontworpen zone omvat de voornaamste Olympische accommodaties die rond een esplanade van klassieke snit en symmetrieën zijn gegroepeerd. De grootste accommodatie is het Olympisch Stadion die door dezelfde Correa en Milá in samenwerking met de Italiaan Gregotti werd gebouwd op basis van een reeds bestaand stadion. De buitenkant van het bouwwerk is nog van zijn voorganger, maar de binnenkant is in zijn geheel vernieuwd. Bij het Olympisch Stadion verheft zich het Palau Sant Jordi, een indoorsportaccomodotie die door de Japanner Arata Isozaki werd ontworpen en waarvan het dak vaag aan het schild van een schildpad herinnerd. De Olympische zwembaden en de

1. De sculpturengroep "Utsurohi" van de hand van Aiko Miyawaki, voor het Palau Sant Jordi (van Arata Isozaki, links) in de Olympische Ring. Op de achtergrond het witte silhouet van de door Santiago Calatrava ontworpen telecommunicatietoren.

1

sportuniversiteit vullen de overige zijden van de grote Olympische esplanade. De witte telecommunicatietoren van de hand van Santiago Calatrava completeert de Olympische Ring, die de kenmerken bezit van een weidse, open ruimte waar de hemel dichter bij de aarde lijkt te liggen; een ruimte die aan de ideale horizontale woonwijken uit de Renaissance doet denken, in tegenstelling tot de vertikale opzet van de moderne stad.

Terwijl de Olympische Ring de bebouwing van de Montjuïc zou voltooien, zou de Villa Olímpica Barcelona's façade naar de zee ingrijpend veranderen. Ondanks zijn hoedanigheid als belangrijke mediterrane hoofdstad, is Barcelona's verhouding tot de zee altijd bescheiden geweest. De haven aan de zuidkust en de industriële wijk Poblenou in het noorden wierpen zich tussen de Barcelonezen en de Middellandse Zee op. De Olympische Spelen betekenden ook een doorbraak in deze verhoudingen door de fabrieken van Poble Nou te vervangen door een moderne woonwijk –de Villa Olímpica–, die gedurende drie weken 's werelds beste atleten onderdak bood en vandaag de dag één van de levendigste wijken van de stad is.

Vier kilometer strand, twee wolkenkrabbers, een jachthaven, een geheel nieuw opgezette wijk, waar bakstenen bouwwerken de vroeger industriële hoedanigheid van de buurt in herinnering brengen, en een park, zijn enkele van kenmerkende onderdelen van de tweede grote Olympische zone van Barcelona, die de grootste gevolgen voor het leven van zijn inwoners heeft gehad. Tijdens de zomermaanden worden de stranden, die per metro bereikbaar zijn, regelmatig door duizenden Barcelonezen bezocht. De restaurants en cafés aan de Olympische haven horen in alle jaargetijden bij de drukst bezochte van de stad. Van de lente tot ver in de herfst zijn de terrasjes er een druk trefpunt.

Het viertal Olympische zones die met de Spelen van 1992 zijn gevormd wordt vol gemaakt door die van Vall d'Hebron en die bij de Diagonal. De zone bij Vall d'Hebron, waar nieuwe sport accommodaties zijn opgetrokken, is om zijn baanbrekende stedebouwkundige

1,2 en 3. Aanblikken van de Villa Olímpica.
4. Detail van de sculptuur "Vis" van Frank O. Gehry, voor één van de twee wolkenkrabbers van de Villa Olímpica.

1

2

3

opzet een bezoek waard. Hierbij gaat het zowel om de opzet van de verkeersverbindingen als om het stadsmeubilair en -materiaal en het beeldenpark.

Als laatste resultaat van de Olympische gedaanteverwisseling zijn de Rondas het vermelden waard, een ring van verkeersverbindingen van 35 kilometer lengte die de druk van het gemotoriseerde verkeer in de stad gewijzigd en verminderd heeft. Dankzij deze rondwegen kan men in minder dan een half uur om Barcelona heen rijden en in zijn wijken komen zonder de stad te hoeven doorkruisen.

De Olympische gedaanteverwisseling beperkt zich echter niet alleen tot deze directe ingrepen, maar is waarneembaar in de hele stad, met name in het Eixample en in haar historische gedeelten. Deze zijn aangevuld met de meer experimentele stadsvernieuwing bij de rivier de Besós om plaats te bieden aan de voorzieningen voor het Fórum 2004.

1. *Villa Olímpica en de Port Olímpic vanuit de lucht, het nieuwe zee-aanzicht van Barcelona waarin het Hotel Arts en de Torre Mapfre zich verheffen.*

De stad van de kunst

Pablo Picasso heeft zich in dezelfde stad gevormd waar Joan Miró en
Antoni Tàpies werden geboren.
Deze grote namen van de twintigste
eeuw zijn de voortzetting van de traditionele band die Barcelona met de
beeldende kunst onderhoudt en die
van deze mediterrane metropool de
stad van de kunst maakt. In andere
woorden, een fraaie stad dankzij het
verfijnde talent van de beste techni-
ci en ambachtslieden, die hun sporen in de grote verscheidenheid aan
bouwwerken hebben nagelaten, en
ook dankzij het vernuft van de grote kunstenaars die in de loop der

1. Het Palau Nacional, zetel van het MNAC.
2. De grote ovale zaal van het Palau
Nacional.

eeuwen haar musea en kunstcollecties gevuld hebben.

Het voornaamste museumcomplex van de stad is het Museu Nacional d'Art de Catalunya (MNAC) dat in het Palau Nacional op de Montjuïc gehuisvest is. Dit centrum dat verbouwd werd door Gae Aulenti, biedt onderdak aan de belangrijkste collectie Romaanse muurschilderkunst ter wereld, die aan het begin van de vorige eeuw werd verzameld dankzij een doeltreffende reddingsoperatie die in tientallen kleine kerkjes in de Pyreneeën werd uitgevoerd. Onder zijn schatten is ook de waardevolle collectie gotische schilderkunst bijzonder. Het MNAC, dat in zijn pand over een indrukwekkende ovale zaal beschikt (een weergaloos grootse ruimte), bezit ook collecties van later datum die een afspiegeling van de kracht van de Catalaanse beeldende kunst aan het begin van de vorige eeuw vormen.

1. *"Landschap van Fornalutx", van J. Sunyer.*
2. *Altaarstuk van de Mare de Déu dels Àngels in Tortosa, van de hand van Pere Serra.*
3. *Driedelige kast met versierde vlakken van de hand van Gaspar Homar.*
4. *Pantocrator van de romaanse muurschildering afkomstig uit de kerk Santa Maria uit Taüll.*
(Al deze werken zijn van het MNAC)

1

2

3

Naast het aanbod aan historische kunst dat in het prachtige klooster van Pedralbes met klassieke schilderwerken uit de collectie Thyssen-Bornemisza aangevuld wordt, onderscheidt Barcelona zich om de aanwezigheid van hedendaagse kunst.

In het hart van de oude wijk Raval verheft zich het indrukwekkende gebouw van Museu d'Art Contemporani de Barcelona (Macba) van de hand van de Amerikaanse architect Richard Meier. Dit onlangs ingewijde witte en lichtgevende gevaarte toont de laatste creaties van Catalaanse kunstenaars samen met die van hun buitenlandse collega's. Vrijwel naast het Macba in het Raval, een wijk die sterk veranderd is en waar zich veel galerieën voor jonge kunstenaars bevinden, staat het Centrum van de Hedendaagse Cultuur (Centre de Cultura Contemporània, CCCB). Het is één van de meest aantrekkelijke en verbeeldingsvolle tentoonstellingsruimten in Barcelona,

1. Klooster van Pedralbes.
2. "El desconsol" (Troosteloosheid), van J. Llimona.
3. "Elogio del agua" (Hulde aan het Water), van E. Chillida.
4. Centrum van de Hedendaagse Cultuur in Barcelona (CCCB).

1

2

3

waarvan het programma altijd verband houdt met de hedendaagse stad.

Het meest bezochte is ondanks alles het monografische museum dat aan Pablo Picasso gewijd is en in vijf met elkaar verbonden koopmanshuizen in de Carrer Montcada ondergebracht is. Het in een eerder hoofdstuk reeds genoemde Picasso-museum, bevat zowel de beste collectie omtrent de vormingsjaren van deze kunstenaar als enkele zeer opvallende werken uit zijn latere perioden. Zijn schilderijen, die de opeenvolgende omwentelingen die Picasso in de schilderkunst teweegbracht duidelijk laten zien, steken buitengewoon sterk af bij de middeleeuwse sfeer die dit museum uitademt. De aantrekkingskracht van het Picasso-museum wordt door een rigoureus programma van tijdelijke exposities versterkt, waarin de verschillende perioden en thema's uit het oeuvre van Picasso aan bod komen.

Midden in het Eixample biedt de Fundació Tàpies (Aragó, 255) een prachtige collectie die door deze informalistische

1. Het Duits paviljoen voor de Wereldtentoonstelling 1929 van Mies van der Rohe is een mijlpaal in de hedendaagse architectuur.
2. Exterieur van het Macba, van de Amerikaanse architect Richard Meier.

1

kunstenaar uit Barcelona aan dit een-mans-
museum is geschonken. Dit
museum met een sterke persoonlijkheid
en een opmerkelijk engagement, dat ook
een eigen tentoonstellingen organiseert,
is in een oud modernistisch gebouw
gehuisvest. De oude baksteen voorgevel is door Tàpies met een enorm sculptuur dat sterk de aandacht trekt versierd.

Op de berg Montjuïc staat een ander
museum dat aan een andere grote Catalaanse kunstenaar gewijd is: het betonnen
gebouw van de Fundació Miró, een particuliere instelling die op uitdrukkelijk ver-
zoek van de schilder is opgericht, zowel
om zijn oeuvre tentoon te stellen als wel
om jonge kunstenaars bij te staan. De
Fundació Miró zetelt in en lichtgevend
gebouw met een mediterraan aanzien van
de hand van J. L. Sert waarin de gejaagd-
heid van de stad tot stilstand lijkt te
komen. In de zalen ervan worden schilderijen, beeldhouwwerk, wandkleden en
keramiek uit alle perioden van Miró's
loopbaan getoond, en andere tijdelijke
tentoonstellingen geprogrammeerd.

*1. Nachtelijke gezicht van de Fundació
Tàpies, met het kunstwerk "Núvol i cadira"
(Wolk met stoel).*
*2 en 3. Twee van de tentoongestelde werken
in het Picasso-museum van Barcelona: "Borst-
beeld van vrouw met hoed" en "Harlekijn".*

1

2   3

De kunstliefhebbers moeten weten dat het beeldende kunstaanbod van Barcelona hier nog niet ophoudt en dat er een grote verscheidenheid aan openbare instellingen of particuliere musea en galerieën bestaat die tentoonstellingen organiseren.

De kunst is in Barcelona ook buiten de musea op straat te vinden. De gedenkzuil van Columbus aan het einde van de Rambles maakt deel uit van de identiteitskenmerken van de stad en is misschien wel de bekendste van de 500 beeldhouwwerken en bouwkundige en ornamentele objecten die in de openlucht te bewonderen zijn. Uit de lijst van de in de afgelopen eeuw opgerichte kunstwerken (een groot deel ervan in de afgelopen jaren) van de hand van plaatselijke en buitenlandse kunstenaars, kunnen we enkele bijzondere wel aanbevelen. Bijv. de spectaculaire modernistische straatlantaarns op de Passeig de Gràcia (van Pere Falqués), *El Desconsol* (Troosteloosheid, van Llimona) tegenover de zetel van het Catalaanse Parlement in het Ciutadella-park, *Elogio del agua* (Hulde aan het water, van Chillida) in het park Creueta del Coll, de reeds genoemde *Núvol i cadira* (Wolk met stoel, van Tápies) boven

1 en 2. *Beeldhouwwerken van Miró die binnen en buiten zijn Fundació tentoongesteld zijn.*
3. *Fundació Miró van Barcelona.*

1

2

op het aan deze kunstenaar gewijde museum in de Carrer Aragó, *Dona i ocell* (Vrouw met vogel, van Miró) in het park Escorxador, de sculptuur *Pez* (Vis, van Gehry) in de Villa Olímpica of *Mistos* (Lucifers, van Oldenburg) in Vall d'He-bron, zijn zeker een bezoek waard. Het pro-gramma voor beeldhouwwerken in de openlucht dat Barcelona de afgelopen twintig jaar heeft uitgevoerd -door de kunstcriticus Robert Hughes "een plan dat alle westerse steden overtreft" en een "unie-ke bloemlezing" genoemd - heeft samen met de architectonische herrijzenis in dezelfde periode een vernieuwende en cos-mopolitische impuls voor de stad bete-kend. Tegenwoordig is Barcelona zo mogelijk meer nog dan voorheen de stad van de kunst. Zowel om zijn traditie als om zijn opnieuw bevestigde roeping.

---

1. *De brug in de straat Bac de Roda, ont-worpen door Santiago Calatrava.*
2. *Teatre Nacional de Catalunya, van de hand van Ricardo Bofill.*
3. *Telecommunicatietoren van Collserola, van Norman Foster.*
4. *"Dona i Ocell" (Vrouw met vogel) van Joan Miró in het Parc de l'Escorxador.*
5. *Park Estació del Nort, van Beverly Pepper.*
6. *Het beeldhouwwerk "Barcelona Head", van Roy Lichtenstein.*
7. *De torens in het park España Industrial, van Luís Peña Ganchegui.*
8. *"Cerillas" (Lucifers), van Claes Oldenburg.*

1

2

3

5

6

7

8

De uitgaans en recreatiestad

De Barcelonezen staan evenals de Catalanen in het algemeen bekend als harde werkers. En dat klopt ook. Maar ze houden er ook van zich te vermaken en daarom hebben ze in hun stad tal van plaatsen gecreëerd waar ze dat kunnen doen. Twee lunaparken kijken over de stad uit. Op de helling van de Montjuïc bevindt zich één van deze beide. En in de bergen van Collserola verheft zich het park Tibidabo, en aan de voeten ervan strekt de stad zich tot aan zee uit. De Tibidabo, met zijn uitkijktoren, draaimolen van vliegtuigen, spooktunnel, automatenmuseum en

1. Lunapark op de Tibidabo.
2. Camp Nou, het stadion van F.C. Barcelona, el "Barça".

1

diverse attracties is een onvermijde-
lijk hoogtepunt in de vroege jeugd
van iedere Barcelonees.

Op latere leeftijd veranderen de
hartstochten van de Barcelonezen.
Velen van hen organiseren zich rond
de Fútbol Club Barcelona -in de
volksmond, '*el Barça*', een reusachtige organisatie waarin de sportieve
belangstelling zich vermengt met
politieke aspiraties. Ongeveer 120.000
toeschouwers wonen elke wedstrijd bij
in het immense Camp Nou, het stadion van de club; (de overige dagen
nemen ze genoegen met het bespre-
ken van het laatste treffen). Het
clubmuseum waar de gewonnen tro-
feeën worden aanbeden, ontvangt
jaarlijks ongeveer een half miljoen
bezoekers.

De liefhebbers van de meer
gebruikelijke persoonlijke pleziertjes
- de liefde, de vriendschap, een goed
gesprek, discussiëren- beschikken in
Barcelona over een onverbeterlijk
decor dat zelfs wel is gekenschetst
als de "ontworpen nacht". In deze
stad, die trots is op haar traditie op
het gebied van de architectuur en

1. *"De ontworpen nacht": Torres de Ávila.*
2 en 3. Inwoners van de dierentuin: drie dol-
fijnen en de albino-gorilla "Sneeuwvlokje".

1

2

3

van de kunstnijverheid, zijn de afgelopen twintig jaar honderden uitgaansgelegenheden -cafés, discotheken...- geopend, waar de creativiteit van de jonge professionals voor betoverende omgevingen heeft gezorgd. Daarnaast telt Barcelona honderden restaurants waar de beroemde plaatselijke keuken geprobeerd kan worden (die varieert van het bescheiden -maar degelijke- brood met tomaat, zout en olijfolie, tot de meer verfijnde gerechten), ofwel de diverse specialiteiten uit de internationale keuken.

De dierenliefhebbers hebben in Barcelona twee verplichte bezoeken af te leggen. De eerste brengt u naar de dierentuin in het Ciutadella-park (waar ook het zoölogie-museum is gevestigd, in een opmerkelijk modernistisch gebouw); de beroemdste inwoner van de dierentuin is Floquet de Neu (Sneeuwvlokje), voor zover bekend de enige albino-gorilla. Het tweede verplichte bezoek betreft het Maremágnum in de haven waar zich het Aquàrium bevindt; hier zijn vissoorten uit de hele wereld en met name een groep haaien te bezichti-

1 en 2. Middellandse-Zeefauna en de doorzichtige observatietunnel in l'Aquàrium.

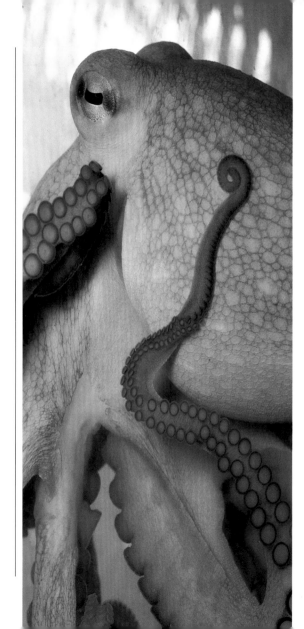

gen die in een groot aquarium zwemmen waar de bezoekers via een tunnel met doorzichtige wanden onderdoor lopen.

Barcelona is ook een stad met een fantastisch muzikaal aanbod, dankzij het operaseizoen in het Gran Teatre del Liceu, de diverse jaarprogramma's met klassieke muziek van het Palau de la Música en het Auditori, en talloze concerten van moderne muziek. Er zijn ongeveer honderd filmzalen –waaronder de 3-D zaal Imax in het Maremàgnum– evenals een twintigtal zalen –waaronder het Teatre Nacional de Catalunya en het Teatre Lliure– waar geregeld onafhankelijk theater, klassiek, boulevard- of kindertheater wordt geprogrammeerd. En natuurlijk (gezien het feit dat in onze beschaving de vrije tijd in toenemende mate aan "shopping" besteedt wordt), beschikt Bardcelona over verschillende winkelcentra die rond de hoofdaders Passeig de Gràcia (El Corte Inglés, Zara, Boulevard Rosa, Vinçon, enz.)

1. *"Gamba" van de kunstenaar Mariscal op de Moll de la Fusta.*
2. *Winkelcentrum L'Illa-Diagonal.*
3. *De bioscoop IMAX in Maremàgnum.*
4. *Pueblo Español, op de Montjuïc.*

1

2

3

en de Diagonal (L'Illa, en ketens zoals FNAC, Decathlon, enz.) gestructureerd zijn.

Zij die in hun vrije tijd liever wandelen kunnen hun hart ophalen dankzij de nieuwe parken die de afgelopen jaren geopend zijn. Daarbij moet ook het Pueblo Español op de Montjuïc genoemd worden dat ter gelegenheid van de Wereldtentoonstelling van 1929 werd aangelegd. In dit bijzonder complex is de populaire architectuur uit alle Spaanse regio's op ware schaal nagebouwd, zodat in één dorp alle bouwtypen verenigd zijn.

Barcelona is ook één van de geschiktste decors om de rijke verscheidenheid aan Catalaanse volkstradities te leren kennen. De traditie die met de grootste nauwkeurigheid het plaatselijke karakter weerspiegelt –samenwerking, volharding en een vleugje durf- is waarschijnlijk die van de *castells* ofwel het bouwen van menselijke torens. Andere tradities hebben een uitgesprken feestelijk karakter, zoals de in alle dorpen en steden aanwezige *gegants*

1, 2 en 3. De beestenboel tijdens de feesten in de stad.
4. Een "draak" op de Rambles.

(reuzen) en het *correfoc*, een feest van buskruit en vuur dat wortelt in de heidense mythologie.

Deze laatstgenoemde feestelijkheid die nauw verweven is met de zonnenwende en de zomervieringen, verandert de straten van Barcelona in een zee van vuur, waarbij de lichten, vlammen en vonken de nacht met de helderste kleuren versieren. En tegelijkertijd als aanvullende metafoor aan de kortheid en de eindigheid van het menselijk bestaan herinneren en als zodanig inwerkt op de definitie van het plaatselijke karakter, dat pragmatische, onderhandelende en relativistische trekken in zich heeft

---

1. *"Correfoc".*
2, 3 en 4. *Een stel reuzen en andere figuren die gebruikelijk zijn bij volksfeesten.*
5. *De duivels van het "Correfoc".*

2

3

4

De omgeving van Barcelona

Het toeristische aanbod binnen een straal van 200 kilometer rond Barcelona geeft een brede verscheidenheid aan mogelijkheden te zien.

Ten noorden van de stad kan de reiziger kiezen tussen de Pyreneeën en de Costa Brava. In de Pyreneeën bestaat bijv. de mogelijkheid een route langs de romaanse kerken af te leggen -één van de belangwekkendste gehelen in Europa-, of men kan in één van de wintersportplaatsen zowel het alpineskiën als het langlaufen beoefenen. Bovendien zijn de rivieren van de

1. *Het romaanse kapelletje Sant Climent de Taüll, in de Pyreneeën.*
2. *De berg Pedraforca.*
3. *"Rafting" op rivier de Noguera Pallaresa.*
4. *Bergpas Mont-Rebei, in de provincie Lleida.*

1

2

3

4

Pyreneeën bij uitstek geschikt voor avontuurlijke sporten.

De Costa Brava is om zijn woeste landschap en zachte weersgesteldheden een geliefde vakantiebestemming. Het is een ideaal gebied voor het beoefenen van watersporten of eenvoudigweg voor het zonnebaden, zeezwemmen en het bijkomen. De kuststrook telt vele ongetwijfeld sfeervolle plaatsjes, zoals Calella of Cadaqués, die er in slagen de traditie met de toeristische dienstverlening te combineren.

De Costa Brava beschikt bovendien over verbazingwekkende culturele voorzieningen zoals het uiterst populaire Dalí-museum in Figueres, waar een belangrijk deel van het oeuvre van deze surrealistische schilder te zien is. De Dalí-route, die dit museum met de woningen verbindt die de kunstenaar in Port Lligat en in Púbol bewoonde, is een andere trekpleister in dit gebied.

Dichter bij Barcelona bevindt zich Montserrat, een indrukwekkend

1. Cala del Pi, bij Platja d'Aro.
2. Calella de Palafrugell.
3. Optocht van historische zeilschepen bij Cadaqués.
4. Torre Galatea, veranderd in het Museum Dalí in Figueres.

gebergte dat door eeuwen van wind en regen tot ronde vormen afgesleten is en door de Catalanen als een heilige berg en een spiritueel centrum wordt beschouwd, want hier wordt de zwarte maagd die hun beschermheilige is vereerd.

Het klooster van Montserrat dat over een prachtige basiliek beschikt, herbergt bovendien een opmerkelijke bibliotheek en bezit zijn eigen verzameling beeldende kunst waarin de hedendaagse kunst sterk vertegenwoordigd is. Het silhouet van Montserrat, dat in het hart van Catalonië ligt ingebed, is een constante referentie en één van de klassieke symbolen voor Catalonië.

Ten zuiden van Barcelona ligt de bijzonder aantrekkelijke wijnstreek El Penedés, die in de hele wereld beroemd is om zijn cava. En plaatsen als Sitges en Cambrils zijn al sinds jaar en dag aantrekkelijke vakantiebestemmingen voor veel Europeanen.

Ten zuiden van Barcelona werden de kloostercomplexen van Poblet,

1, 2 en 3: Drie gezichten op Monserrat: het klooster, de kabelbaan Sant Jeroni en het dwarsprofiel van de berg vanaf de vlakte.

1

2

3

Santes Creus en Vallbona de les Monges opgetrokken; alle drie indrukwekkende monumentale complexen die nauw verweven zijn met de geschiedenis van Catalonië.

Naast deze trekpleisters is, ondanks zijn nieuwigheid, het themapark "Park Aventura" de moeite waard. Sinds de opening ervan in 1995 heeft het park een toeloop van meer dan een miljoen bezoekers te verwerken gehad, die het tot het op één na meest bezochte park in zijn soort in Europa hebben gemaakt.

In andere woorden, Catalonië biedt de bezoeker een grote verscheidenheid aan mogelijkheden, vaak meerdere tegelijkertijd, die gaan van de natuurlijke rijkdommen tot de toeristische sector, van wintersporten tot de sporten die op of rond het water worden beoefend, en van het eten en drinken tot de hogere cultuur, allen het resultaat van een bevoorrechte omgeving en vele tientallen jaren van grote toewijding aan de toeristische dienstverlening.

1. *Port Aventura: de "Dragon Khan".*
2. *Het cisterciënzer klooster van Poblet.*
3. *Het haven van Cambrils.*

Parc Güell

les Teresianes

Porta i Pavellons
de la Casa Güell

Palau Reial
de Pedralbes

Les Tres Torres

Palau Reial

General

Ronda

del

Mitre

Av. Doctor Marañón

Maria Cristina

La Bonanova

Pàdua

Av. d'Hospital Mili

Plaça
Lessops

Lessops

Av. Mare de Déu de Montserrat

Maragall

Camp Nou
F. C. Barcelona

Ronda

Plaça Molina

Plaça
Lesseps

Casa Vicens

Alfons X

Muntaner

Sant Gervasi

Fontana

Av. Princep d'Astúries

de Gràcia

Gran

de

Passeig de

Travessera

Les Corts

de

les

Corts

Avinguda de Sarrià

Plaça de
Francesc Macià

Gràcia

joanic

Guinardó

Navas de Tolosa

Hospital
de Sant Pau

Iblanc

Riera Blanca

Plaça del
Centre

Carrer de Numància

Carrer de Josep Tarradellas

Muntaner

Avinguda

Balmes

carrer

de

Sant Antoni Mª Claret

carrer de Sant Antoni Mª Claret

Hospital
de Sant Pau

Camp de l'Arpa

Badal

Berlin

carrer

de

les

Corts

de

Sants
Estació

Entença

Hospital Clínic

Provença

Diagonal

Casa Comalat

Les Punxes

Verdaguer

Sant Joan

Lepant

la
Indústria

Navas

Mercat Nou

Plaça de Sants

Plaça de
Joan Peiró

Plaça dels
Paíssos Catalans

Av.

de

Roma

d'Urgell

carrer

La Pedrera

Gràcia

Palau Macaia

Sagrada Familia

Encants

Clot

Parc de
l'Espanya Industrial

Tarragona

Fundació
Tàpies

Passeig de Gracia

Temple de la
Sagrada Família

Hostafrancs

Plaça del
Escorxador

Carrer

carrer

Casa Batlló
Casa Ametller
Casa Lleó Morera

Aragó

Padilla

Avinguda Meridiana

carrer Guipú

Creu Coberta

C. Tarragona

Plaça de Braus
de les Arenes

Gran Via

Girona

Diagonal

La Bordeta

Plaça
d'Espanya

Espanya

Rocafort

Urgell

Passeig

de Sant Joan

Monumental

Plaça de
Tetuan

Catalanes

Plaça de
les Glòries
Catalanes

Plaça de Braus
Monumental

Glòries

Av. de la Zona Franca

Poble Espanyol

Avinguda

Universitat
Central

Plaça
Universitat

Universitat

Ronda

de

Pelai

de

Catalunya

Plaça de
Catalunya

les Corts

Pl. Tetuan

Casa Calvet

Pg. de Carles I

Teatre Nacional
de Catalunya

Poble Sec

Museu Nacional
d'Art de Catalunya
MNAC

Fundació Miró

St. Antoni

Ronda de St. Antoni

Casa de
la Caritat

M.A.C.B.A.

Palau de
la Virreina

Hospital de
la Santa Creu

La Boqueria

Palau Güell

La Rambla

Ronda

Fontanella

Urquinaona

Plaça Urquinaona

Sant Pere

Laietana

Trafalgar

Arc de Triomf

Palau de
la Música

Arc del Triomf

Marina

carrer dels Almogàvers

carrer de Pere IV

Bogatell

Llacuna

Poblenou

Sant Pau
del Camp

Gran Teatre
del Liceu

Liceu

Generalitat

Ajuntament

Jaume I

Catedral

Sta. Maria
del Mar

Via

carrer del Comerç

Pg. Ll. Companys

Passeig Pujades

Parc de
la Ciutadella

Museu
d'Art Modern

Paral·lel

Funicular

Reials
Dressanes

Basílica
de la Mercè

Drassanes

Colom

La Llotja del Mar

Barceloneta

Estació de
França

Zoo

Ciutadella

Avinguda d'Icària

Castell de Montjuïc

Pg. Josep Carner

Pg. de Colom

Imax

l'Aquàrium

Maremàgnum

Transbordador aeri

Pg. de Calvell

Ronda

Port Olímpic